Maravillas

MI LIBRO DE LECTURA Y ESCRITURA

McGraw Hill

COVER: Nathan Love.

mheducation.com/prek-12

Send all inquiries to:
McGraw-Hill Education
Two Penn Plaza
New York, New York 10121

ISBN: 978-0-07-702802-2
MHID: 0-07-702802-3

Printed in the United States of America.

3 4 5 6 7 8 9 LMN 23 22 21 20 A

¡Bienvenidos a Maravillas!

Explora textos apasionantes de **Literatura**, **Ciencias** y **Estudios Sociales**.

- ★ **LEE** acerca del mundo que te rodea.
- ★ **PIENSA**, **HABLA** y **ESCRIBE** sobre géneros literarios.
- ★ **COLABORA** en charlas e investigaciones.
- ★ **¡EXPRÉSATE!**

my.mheducation.com

Con tus datos de acceso podrás leer textos, practicar fonética, ortografía, gramática y mucho más.

(t) George Hall/Code Red 2012; (c) Paul Souders/Photodisc/Getty Images; (bl) Rob Marmion/Shutterstock; (bc) Thomas M Perkins/Shutterstock; (br) vipman/Shutterstock

Unidad 5 Maravillas de la naturaleza

La gran idea

Semana 1 • ¿Cómo crecen las plantas en tu jardín?

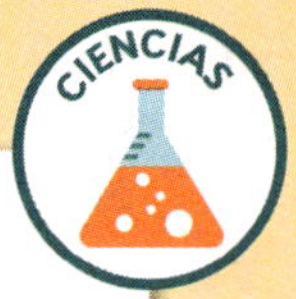

Recursos digitales *Consulta este libro electrónico y otros recursos en:* my.mheducation.com

Semana 2 • Árboles

Semana 3 • Productos de la granja

ESTUDIOS SOCIALES

James A. Guilliam/Photolibrary

(bkgd) Dan Gair/Photolibrary/Getty Images

Unidad

5

Maravillas de la naturaleza

La gran idea ¿Qué cosas hallas en la naturaleza?

Comenta lo que ves en la ilustración. Habla en voz alta y clara. Sigue las reglas gramaticales.

Encierra en un círculo las cosas que crecen.

Coméntalo

¿? **Pregunta esencial** ¿Qué necesitan los seres vivos para crecer?

Comenta lo que hacen estas personas para cuidar el jardín. Recuerda decir oraciones completas para compartir tus ideas.

Dibuja y **escribe** acerca de algo que las plantas necesitan para crecer.

Las plantas necesitan

Ronnie Kaufman/Larry Hirshowitz/Blend Images/Getty Images

Leer

Responde al Superlibro

Vuelve a contar el poema.

Escribe acerca del poema.

Este poema trata de

Evidencia en el texto

Página

Sé que este es un poema porque

Evidencia en el texto

Página

Conversa acerca de las plantas que puedes ver en un jardín.

Dibuja y **escribe** acerca de una de estas plantas.

Esta planta es

Releer Superlibro

Los personajes son las personas, los animales o las plantas de un cuento o poema. El ambiente es donde sucede el relato. Los sucesos son las cosas que pasan.

Escucha una parte del poema.

Conversa acerca de los personajes, el ambiente y los sucesos.

Escribe acerca de los personajes y el ambiente.

Los personajes son

El ambiente es

Dibuja un suceso.

Releer Superlibro

Mira las páginas 14 a 17.

Comenta cómo sabes qué cosas le suceden a Ita y cuáles se imagina.

Dibuja y **rotula** algo que le sucede a Ita o algo que imagina.

Escucha la página 27.

Comenta cómo te ayuda la autora a imaginar cómo está la mañana.

Dibuja y **escribe** tus ideas.

Haz inferencias

¿Qué debemos hacer para cuidar de las plantas de un jardín? ¿Qué hacen las hormiguitas?

La autora usa las palabras

Lectura compartida

Buscar evidencias

Lee para saber por qué la rosa es famosa.

Encierra en un círculo la palabra que empieza con **R** mayúscula.

La rosa famosa

Ema Noelle

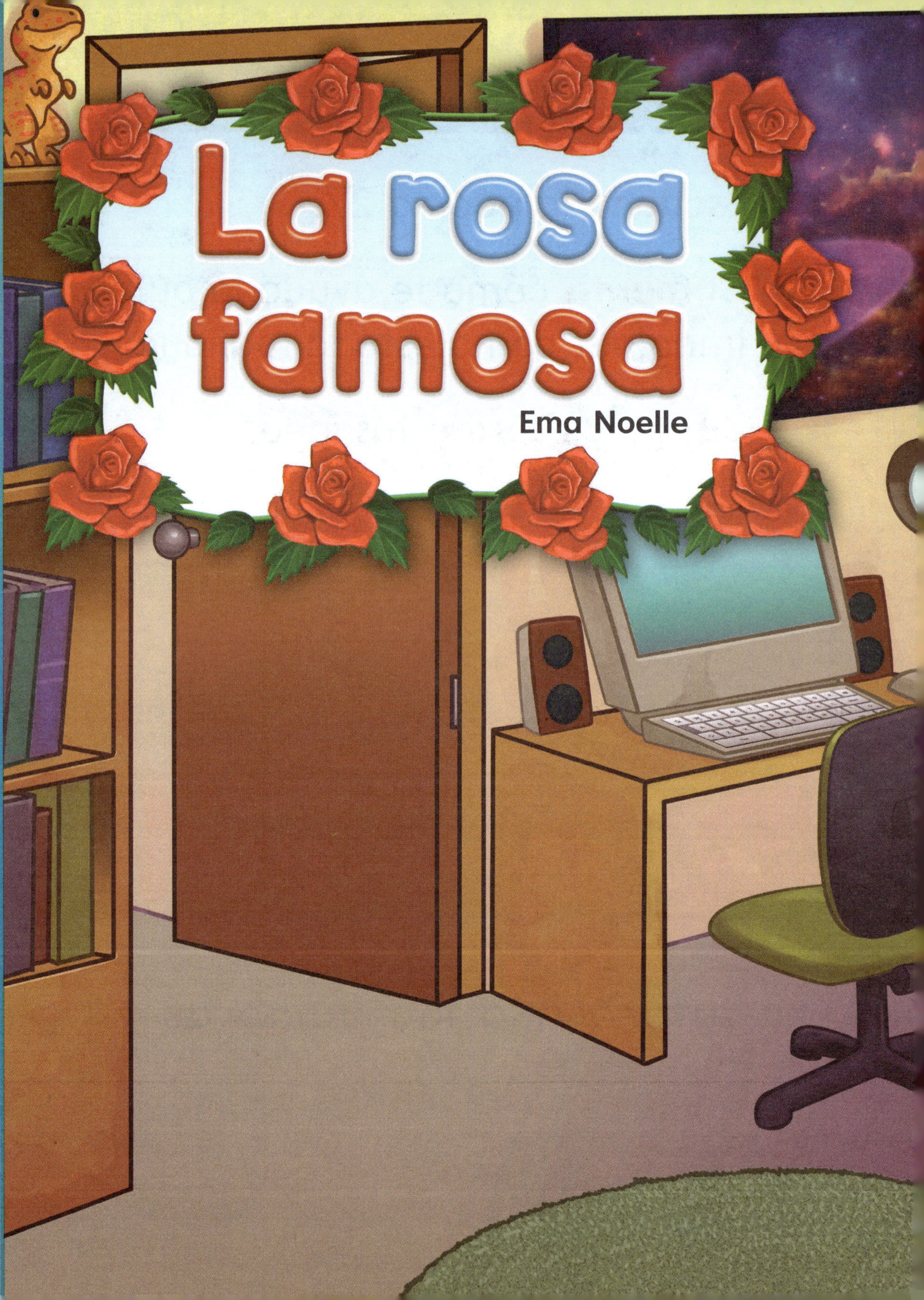

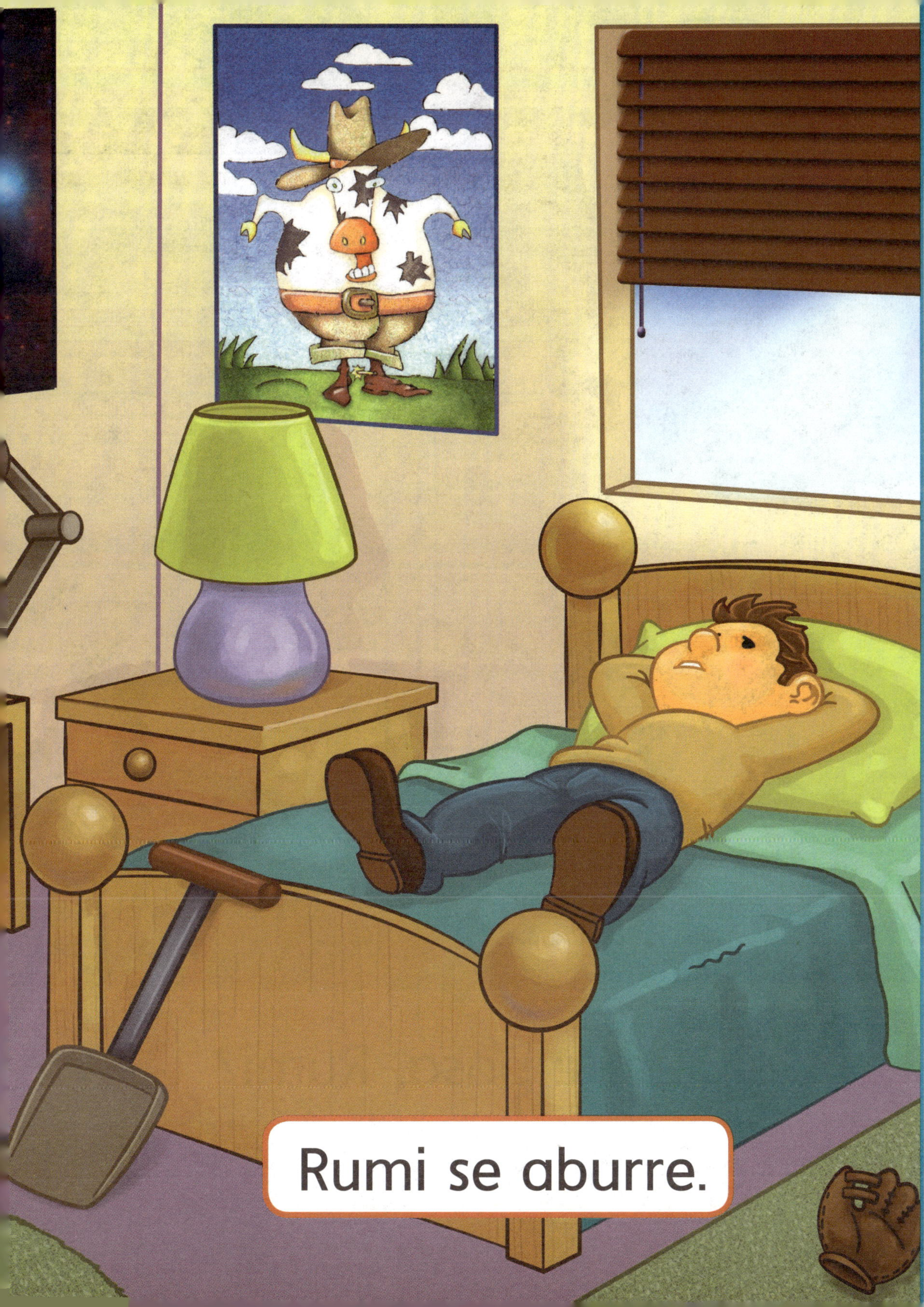
Rumi se aburre.

Lectura compartida

Buscar evidencias

Encierra en un círculo la palabra **qué**.

Subraya las palabras que tienen sílabas con **rr**.

—¿Qué te pasa, Rumi?

—dice tía Rosa.

—Me aburro, tía Rosa.

¡Todo es aburrido!

Lectura compartida

Buscar evidencias

Lee y señala cada palabra de la página 20.

Encierra en un círculo la palabra que empieza con la misma sílaba que **rama**.

—¡Toma rápido esta pala!

—¿Qué es eso, tía?

¿Cómo crecen
las plantas en tu jardín?

Lectura compartida

Buscar evidencias

Encierra en un círculo las palabras que tienen la sílaba **ro.**

Vuelve a contar el cuento. Si no entiendes algo, léelo de nuevo. Usa las ilustraciones como ayuda.

—Es una rosa, Rumi.

¡Y no es aburrida!

Así, Rumi pasa un rato.

¡Qué famosa es esta rosa!

Releer

Lectura complementaria

Escucha el poema "La semillita". Mira la ilustración. ¿Qué partes tienen las plantas que nacen de una semilla?

Encierra en un círculo las partes de las plantas que crecen bajo el suelo.

Encierra en un cuadrado las partes de las plantas que crecen arriba del suelo.

Acuérdate

Para hablar de plantas, podemos usar estas palabras: *semilla, flor, fruto, rama, raíces, tronco, hojas.*

Ahora, conversa con un compañero acerca del poema y la ilustración. Usa esas palabras.

Vuelve a escuchar el poema.

Conversa acerca del ritmo y de las palabras del poema que riman.

Dibuja una imagen que represente la palabra que rima con **brillantes**.

Escríbelo

Piensa en los poemas que leíste acerca de semillas y plantas.

Escribe un poema acerca de una planta o un jardín.

Integrar **Búsqueda e investigación**

Las partes de las plantas

Paso 1 **Conversa** acerca de las partes de las plantas. Elige una e investiga sobre ella.

Paso 2 **Escribe** una pregunta acerca de esa parte de las plantas.

Paso 3 **Mira** libros o usa internet. Puedes usar un diccionario ilustrado para buscar las palabras que no conozcas.

Paso 4 **Dibuja** y **escribe** sobre lo que aprendiste.

Paso 5 **Elige** una buena forma de presentar tu trabajo.

Integrar

Haz conexiones

El huerto

Colorada es la manzana
del lado que le da el sol;
del lado que no le da,
blanco tiene su color.

El pimiento ha de ser verde;
los tomates, colorados;
la berenjena, espinosa,
los ojitos entornados.

Conversa acerca de las frutas y verduras que se mencionan en "El huerto".

Piensa en lo que se cultiva en "Sinfín".

Compara el huerto del poema con las cosas que se cultivan en "Sinfín".

Acuérdate

Los **poemas** nos hablan de sentimientos o de ideas y a veces tienen rima y ritmo.

Lo que sé ahora

Piensa en los textos que leíste esta semana.

Los textos hablan de

Piensa en lo que aprendiste esta semana. ¿Qué más te gustaría saber? Comenta tus ideas.

Comenta algo que aprendiste acerca de la poesía.

Coméntalo

Pregunta esencial ¿Cómo cambian los seres vivos al crecer?

Conversa acerca del árbol pequeño. ¿Cómo crees que cambiará al crecer?

Dibuja cómo crees que cambiará el árbol al crecer.

Escribe acerca de tu dibujo.

Creo que el árbol

Leer

Responde al Superlibro

Vuelve a contar el texto de no ficción.

Escribe acerca del texto.

Un dato importante es

Evidencia en el texto

Página

La parte más interesante es

Evidencia en el texto

Página

Conversa acerca de un árbol que hayas visto alguna vez.

Dibuja y **escribe** acerca del árbol.

Este árbol

Releer

Superlibro

El tema principal es aquello de lo que trata un texto. Los detalles clave dan información acerca del tema.

Escucha una parte del texto.

Conversa acerca del tema principal.

Escribe cuál es el tema principal.

El tema principal es

Dibuja dos detalles clave que den información acerca del tema principal.

1.

2.

Releer

Superlibro

Escucha una parte del texto.

Conversa acerca de las palabras que usa la autora. ¿Qué palabras usa para hacer que el árbol parezca una persona?

Escribe las palabras.

El árbol parece una persona porque

Mira cómo se colocaron las palabras en la página 29. ¿Cómo te ayuda esa forma a imaginar los arbolitos?

Comenta por qué la autora colocó las palabras de esa manera.

Dibuja uno de los arbolitos.

Lectura compartida

Buscar evidencias

Lee para saber lo que hacen Josefina y Jabo.

Subraya las palabras que tienen la sílaba **jo** y empiezan con mayúscula.

Josefina y Jabo

Matilde Miles

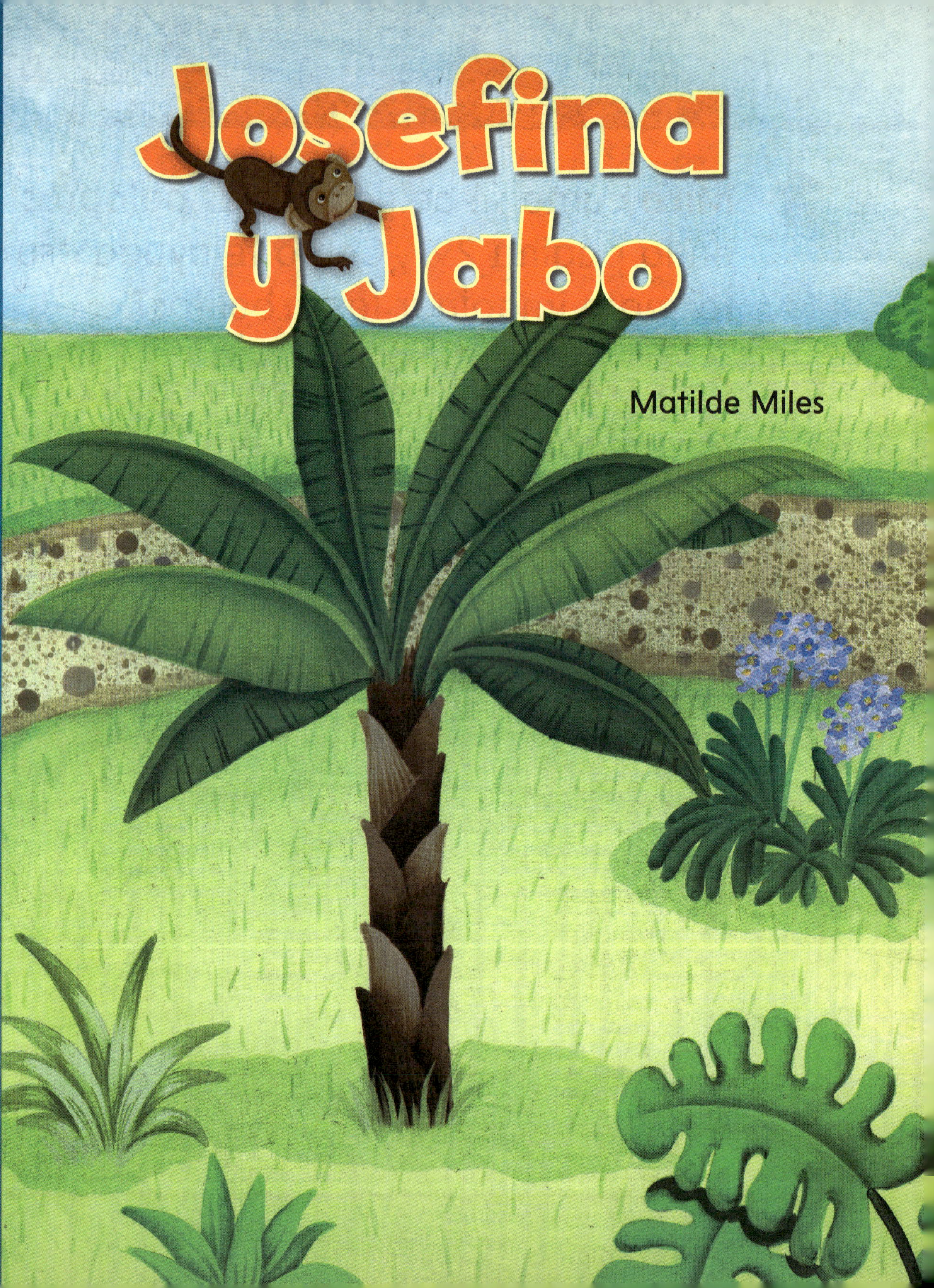

Ella es Josefina.

Lectura compartida

Buscar evidencias

Encierra en un círculo las palabras que indican lo que hace Jabo.

Subraya la palabra **por.**

Y ese es Jabo, su monito.

Jabo sube y baja.

Baja y sube por el banano.

Lectura compartida

Buscar evidencias

Subraya la palabra que rima con **caja**.

Encierra en un círculo quién va por limonada.

—¡Fíjate, Jabo!

¡Es un banano!

—Baja rápido, Jabo.

Yo voy por limonada.

Lectura compartida

Buscar evidencias

Encierra en un círculo la palabra que termina en **ja** e indica cómo se siente Josefina.

Vuelve a contar el cuento. Si no entiendes algo, vuelve a leerlo. Usa las ilustraciones como ayuda.

Josefina no ve a Jabo.

Josefina se enoja.

—¡Deja ese banano, Jabo!

Lectura complementaria

Mira el diagrama. ¿Qué nos enseña acerca de la manera en que crecen las manzanas?

Encierra en un círculo el brote.

Encierra en un cuadrado el árbol joven.

Acuérdate

Un **diagrama** es un dibujo en el que se explica algo.

Este diagrama muestra cómo crece una semilla hasta ser un árbol joven.

Comenta el diagrama. ¿Cómo te indica lo que necesita una semilla para ser un brote?

Escribe dos cosas que una semilla necesita para ser un brote.

Una semilla necesita

1. ______________________________

2. ______________________________

Coméntalo

¿Por qué un diagrama es útil para aprender cómo cambia la semilla de la manzana al crecer?

Integrar

Búsqueda e investigación

Cómo crece un árbol

Paso 1 **Comenta** cómo cambian los árboles al crecer. Elige un árbol para aprender acerca de él.

Paso 2 **Escribe** una pregunta acerca del ciclo de vida de tu árbol, es decir, cómo cambia al crecer.

Paso 3 **Mira** libros o usa internet.

Paso 4 **Dibuja** lo que aprendiste. Escribe un rótulo.

Mi árbol es

Paso 5 **Elige** una buena forma de presentar tu trabajo.

Integrar

Haz conexiones

En esta foto se ven los **anillos**, es decir, los círculos del tronco de un árbol. A algunos árboles les crece un anillo por año.

Piensa en lo que puedes aprender por la foto y el pie de foto.

Di a un compañero cuántos años crees que tiene el árbol.

Compara lo que puedes aprender por esta foto con lo que leíste sobre los árboles esta semana.

Acuérdate

Los **pies de foto** hablan de lo que se ve en las fotos y dibujos.

Lo que sé ahora

Piensa en los textos que leíste esta semana.

Los textos hablan de

Piensa en lo que aprendiste esta semana. ¿Qué más te gustaría saber? Comenta tus ideas.

Comenta algo que aprendiste acerca de los textos de no ficción.

Coméntalo

Pregunta esencial ¿Qué se produce en una granja?

Conversa acerca de uno de los alimentos que se ven en la foto.

Dibuja y **escribe** acerca de algo que puedes hacer con este alimento.

Puedo hacer

Ariel Skelley/Blend Images/Getty Images

Leer

Responde al Superlibro

Vuelve a contar el texto de no ficción.

Escribe acerca del texto.

Un dato importante es

Evidencia en el texto

Página

La parte más interesante es

Evidencia en el texto

Página

Comenta cuáles de los alimentos que compras en la tienda provienen de granjas.

Dibuja y **rotula** uno de esos alimentos.

Este alimento es

Releer

Superlibro

El tema principal es de lo que trata principalmente un texto. Los detalles clave dan información acerca del tema.

Escucha una parte del texto.

Conversa acerca del tema principal.

Escribe cuál es el tema principal.

El tema principal es

____

____

Dibuja dos detalles clave que den información del tema principal.

1.

2.

Superlibro

Comenta cómo te ayudan las ilustraciones de las páginas 20 y 21 a saber cómo es el viaje de la naranja.

Dibuja uno de los lugares por los que viaja la naranja.

El viaje es

Mira las páginas 30 y 31.

Comenta qué otras cosas, como la naranja, "llevan las estaciones pasadas" bajo su piel.

Dibuja y **rotula** estas cosas.

Lectura compartida

Buscar evidencias

Lee para saber lo que desayuna Yami.

Encierra en un círculo a Yami.

Un desayuno sano

Mari Robles

Yami le pide el desayuno a su papá.

Lectura compartida

Buscar evidencias

Subraya la palabra **gusta**.

Encierra en un círculo la palabra que tiene la sílaba **yu**.

El papá ayuda a Yami.
—¿Qué te gusta, Yami?

Yami toma un banano
y pasas de uva.

Lectura compartida

Buscar evidencias

Encierra en un círculo la palabra que tiene la sílaba **ye** y nombra un alimento.

Subraya la palabra que tiene la sílaba **ya** y empieza con mayúscula.

El papá le da
una yema batida.

¿Le gusta a Yami
la papaya?

Rosemary Calvert/Photographer's Choice RF/Getty Images

Lectura compartida

Buscar evidencias

Lee y señala cada palabra de las oraciones de la página 67.

Vuelve a contar el texto. Mira las fotos si no entiendes algo.

¿Le gusta la avena?

Yami ya tiene su desayuno.
Tiene un desayuno sano.

(bkgd) Dan Gair/Photolibrary/Getty Images

Lectura complementaria

Mira las fotos. ¿Qué información dan acerca de cómo los granjeros venden sus productos?

Encierra en un círculo una manera de vender productos cerca de la granja.

Encierra en un cuadrado una manera de vender productos lejos de la granja.

Acuérdate

Podemos usar estas palabras para decir dónde están los lugares:

cerca, lejos

Comenta algunas maneras de vender productos que tienen los granjeros.

Escribe cómo venden sus productos los granjeros.

Los granjeros venden sus productos

Los granjeros venden sus productos

Coméntalo

Mira las páginas 38 y 39. ¿En qué se diferencia la información de la página 38 de la de la página 39?

Integrar

Búsqueda e investigación

Investiga una planta

Paso 1 **Comenta** cuáles son algunas plantas que crecen en granjas. Elige una para aprender acerca de ella.

Paso 2 **Escribe** una pregunta acerca de esa planta.

Paso 3 **Mira** libros o usa internet. Busca las palabras que no conozcas. Usa un diccionario ilustrado.

Paso 4 **Dibuja** y **escribe** lo que aprendiste.

Aprendí

Paso 5 **Elige** una buena forma de presentar tu trabajo.

Integrar

Haz conexiones

Conversa acerca de la granja de la foto. ¿Por qué es especial?

Compara esta granja con la granja de *Naranja de enero*.

Acuérdate

Para hablar acerca de una granja, podemos decir:

La granja de la foto es __________________.

La granja del texto es ________.

Esta granja comunitaria está en el techo de un edificio en la ciudad.

Lo que sé ahora

Piensa en los textos que leíste esta semana.

Los textos hablan de

Piensa en lo que aprendiste esta semana. ¿Qué más te gustaría saber? Comenta tus ideas.

Comenta algo que aprendiste acerca de los textos de no ficción.

Tarjetas de fonética

Aa

a
abeja

Bb

ba be bi
bo bu
bate

Cc

ca co cu
camello

Cc

ce ci
cepillo

Ch ch

cha che chi
cho chu
chaleco

Dd

da de di
do du
delfín

Ee

e
elefante

Ff

fa fe fi
fo fu
fuego

Gg

gue gui güe güi
ga go gu
guitarra

Gg

ge gi
gema

Hh

ha he hi
ho hu
hipopótamo

Ii

i
iguana

Jj

ja je ji
jo ju
jirafa

Kk

ka ke ki
ko ku
koala

Ll

la le li
lo lu
limón

Ll ll

lla lle lli
llo llu
llave

Mm

ma me mi
mo mu
mapa

Nn

na ne ni
no nu
nido

Ññ

ña ñe ñi
ño ñu
ñandú

Oo

o
oso

Pp

pa pe pi
po pu
piano

Qq

que qui
queso

Rr

ra re ri ro ru
-rra -rre -rri
-rro -rru
rosa

Rr

-ra -re -ri -ro -ru
pera

Ss

sa se si
so su
sol

Tt

ta te ti
to tu
tortuga

Uu

u
uvas

Vv

va ve vi
vo vu
volcán

Yy

ya ye yi
yo yu
yo-yo

Zz

za ze zi
zo zu
zapato

Credits: (abeja) IT Stock Free/Alamy; (bate) Radlund & Associates/Artville/Getty Images; (camel) Dave Stamboulis Travel Photography/Flickr/Getty Images; (delphin) imagebroker/Alamy; (elephant) Ingram Publishing/Alamy; (fire) Comstock Images/Alamy; (guitar) Jules Frazier/Photodisc/Getty Images; (hipopotamo) Michele Burgess/Corbis; (iguana) Creatas/PunchStock; (jirafa) Ingram Publishing/Alamy; (koala) ©Al Franklin/Corbis; (limon) C Squared Studios/Photodisc/Getty Images; (nest) Siede Preis/Photodisc/Getty Images; (nandu) Photodisc/Getty Images; (oso) Photodisc/Getty Images; (piano) Photo Spin/Artville/Getty Images; (queso) John A. Rizzo/Photodisc/Getty Images; (rosa) Steve Cole/Photodisc/Getty Images; (sol) 97/E+/Getty Images; (tortuga) Ingram Publishing/Fotosearch; (uvas) Ingram Publishing/Alamy; (vocan) Westend61/Getty Images; (yo-yo) D. Hurst/Alamy; (zapatos) C Squared Studios/Photodisc/Getty Images

Modelos de caligrafía

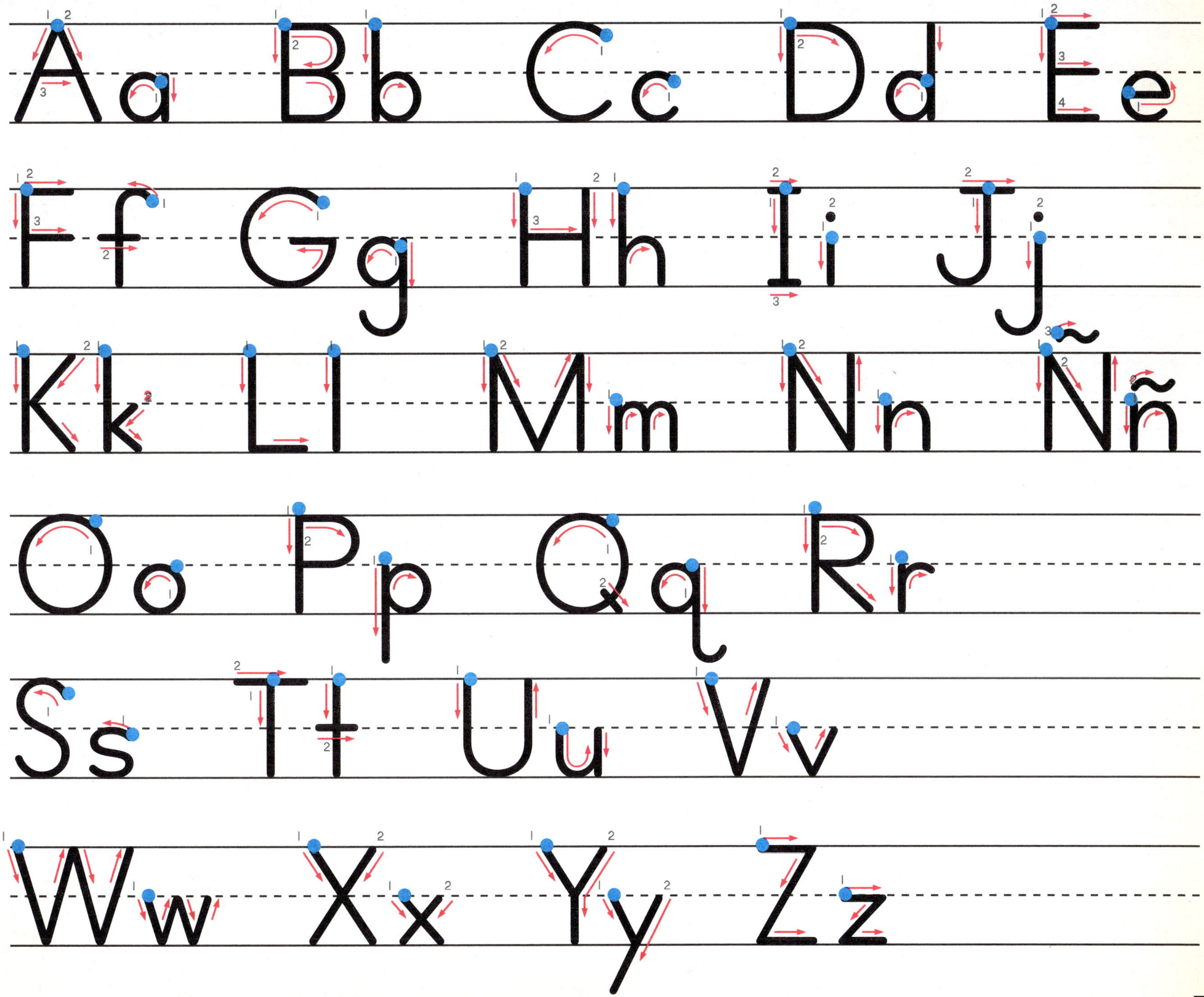